CHAMPIGNONS

... Rezepte mit würzigen Köpfchen

Champignons und Egerlinge sind Zuchtpilze, die das ganze Jahr über angeboten werden und vielen Gerichten eine fein-würzige Note verleihen. Frisch haben sie feste Köpfe und rosige Lamellen, länger gelagert werden sie braun. Das macht sie nicht ungenießbar, sogar würziger im Geschmack, aber doch weniger ansehnlich. Besonders für Rezepte mit rohen Champignons sollten Sie daher nur superfrische Pilze verwenden. Sie können Egerlinge übrigens ohne weiteres gegen Champignons austauschen und umgekehrt – Champignons sind etwas zarter im Aroma, Egerlinge oder Steinchampignons, wie sie auch genannt werden, schmecken etwas kräftiger. Am besten kommt ihr Aroma in Verbindung mit Kräutern wie Petersilie, Thymian, Salbei, Oregano oder Estragon zur Geltung. Und noch eine gute Nachricht: Champignons und Egerlinge sind kalorienarm (nur 15 Kilokalorien pro 100 Gramm), dafür reich an Eiweiß, Mineral- und Ballaststoffen, also ein Genuss ohne Reue!

CROSTINI MIT PILZEN

➤ für Gäste

Zum Aperitif – köstliche Crostini als Auftakt eines festlichen Menüs

PILZCROSTINI MIT WALNÜSSEN

Zutaten für 4 Personen:

- *400 g Egerlinge • 2 EL Olivenöl*
- *1 Knoblauchzehe*
- *1 EL Zitronensaft*
- *Salz • Pfeffer*
- *80 g Walnüsse*
- *1/2 Baguette (ergibt 12 Scheiben)*

ZUBEREITUNGSZEIT: 20 MIN.
PRO PORTION ETWA: 1210 KJ/290 KCAL

1 Die Egerlinge putzen, in Scheiben schneiden und im Öl anbraten. Knoblauch schälen und dazupressen. Den Zitronensaft hinzufügen. 5 Min. weiterbraten, bis die Flüssigkeit verdampft ist. Salzen, pfeffern, abkühlen lassen, aus der Pfanne nehmen und grob hacken.

2 12 Walnusshälften beiseite legen. Die übrigen Walnüsse fein hacken und mit den Pilzen vermischen. Baguettescheiben im Toaster rösten und mit der Pilzmischung bestreichen. Mit Nusshälften garnieren.

AVOCADO-CHAMPIGNON-CROSTINI

Zutaten für 4 Personen:

- *1 reife Avocado*
- *Saft von 1/2 Zitrone*
- *1 Knoblauchzehe*
- *100 g kleine rosa Champignons*
- *Salz • Cayennepfeffer*
- *1/2 Baguette (ergibt 12 Scheiben)*

ZUBEREITUNGSZEIT: 15 MIN.
PRO PORTION ETWA: 950 KJ/230 KCAL

1 Die Avocado schälen, vom Kern lösen und das Fruchtfleisch mit einer Gabel fein zerdrücken. Sofort den Zitronensaft untermischen, damit die Creme nicht braun wird. Knoblauch schälen und dazupressen.

2 Die Champignons putzen, halbieren und in hauchdünne Scheiben schneiden. Unter die Creme mischen und mit Salz und Cayennepfeffer würzig abschmecken.

3 Die Baguettescheiben im Toaster rösten und mit der Creme bestreichen. Eventuell die Dips getrennt zum Brot reichen.

FELDSALAT MIT CHAMPIGNONS

➤ sommerlich | frisch

Mit sahnigem Salatdressing schmecken frische Champignons besonders fein

Zutaten für 4 Personen:

- *125 g Frühstücksspeck*
- *250 g Feldsalat*
- *200 g kleine rosa Champignons*
- *Für die Salatsauce:*
- *4 EL Weißweinessig*
- *1 TL Senf (mittelscharf)*
- *100 g Sahne*
- *Salz*
- *weißer Pfeffer*
- *Zucker*

ZUBEREITUNGSZEIT: 25 MIN.
PRO PORTION ETWA: 1170 KJ/280 KCAL

1 Den Speck würfeln und in einer Pfanne bei mittlerer Hitze erwärmen und goldbraun ausbraten. Auf Küchenpapier abfetten.

2 Den Feldsalat gründlich waschen, abtropfen lassen und auf vier Teller verteilen. Die Champignons mit Küchenpapier abreiben und in dünne Scheiben schneiden. Auf dem Feldsalat verteilen.

3 Aus Essig, Senf und Sahne eine Salatsauce rühren und mit Salz, weißem Pfeffer und einer Prise Zucker würzen. Auf dem Salat verteilen und mit den Speckwürfeln bestreuen.

!

VARIANTE: Für Vegetarier lässt sich dieser köstliche Salat leicht abwandeln: Den Feldsalat mit Champignons und geviertelten eingelegten Artischockenherzen anrichten und anstatt Speck mit gerösteten Kürbiskernen bestreuen.
TIPP: Wer rohe Pilze nicht mag oder schlecht verträgt, kann sie natürlich auch anbraten. Dann brauchen Sie allerdings etwa 150 g pro Person.

CHAMPIGNONCREMESUPPE MIT KNOBLAUCHCROÛTONS

➤ vegetarisch

Die Croûtons verleihen diesem einfachen Gericht eine elegante Note

Zutaten für 4 Personen:

- *20 g getrocknete Steinpilze*
- *600 g Champignons*
- *1 Zwiebel*
- *50 g Butter*
- *100 ml trockener Weißwein (ersatzweise Gemüsebrühe)*
- *600 ml Gemüsebrühe*
- *1 TL getrockneter Thymian*
- *1 große mehlig kochende Kartoffel*
- *2 Scheiben Toastbrot*
- *1 Knoblauchzehe*
- *Salz • Pfeffer*
- *Muskatnuss, frisch gemahlen*

ZUBEREITUNGSZEIT: 30 MIN.
PRO PORTION ETWA: 900 KJ/215 KCAL

1 Die Steinpilze 15 Min. in einer Tasse mit lauwarmem Wasser einweichen.

2 Die Champignons putzen und in Scheiben schneiden. Die Zwiebel schälen und fein hacken. 30 g Butter in einem Topf erwärmen und die Zwiebel darin glasig werden lassen. Die Champignons 5 Min. mitschmoren. Mit dem Weißwein ablöschen und bei großer Hitze 2 Min. einkochen lassen.

3 Die eingeweichten Pilze ausdrücken und fein hacken. Zusammen mit dem Einweichwasser (vorsichtig abgießen, damit kein Sand in die Suppe kommt!), Brühe und Thymian dazugeben. Die Kartoffel schälen, klein würfeln und hinzufügen, 10 Min. köcheln lassen.

4 Inzwischen das Toastbrot von der Rinde befreien und in Würfel oder Taler schneiden bzw. ausstechen. In einer Pfanne die restliche Butter erhitzen. Knoblauch schälen, halbieren und hinzufügen. Die Brotwürfel oder -taler goldbraun rösten.

5 Die Champignonsuppe fein pürieren und mit Salz, Pfeffer und Muskat abschmecken. Mit Knoblauchcroûtons und eventuell angerösteten Pilzen garnieren.

GEFÜLLTE CHAMPIGNONS

➤ für Gäste

Ob als warme Vorspeise oder fürs kalte Buffet – gefüllte Champignons sind dekorativ und lecker

Zutaten für 4 Personen:

- *12 sehr große Champignons (à 50 g)*
- *1 Zwiebel*
- *1 Möhre*
- *1 Stange Staudensellerie*
- *4 EL Olivenöl*
- *250 g gemischtes Hackfleisch*
- *Salz • Pfeffer*
- *50 g Butter*
- *3 EL Semmelbrösel*
- *2 EL gehackte Petersilie*
- *Öl für die Form*

ZUBEREITUNGSZEIT: 25 MIN.
BACKZEIT: 25 MIN.
PRO PORTION ETWA: 1710 KJ/410 KCAL

1 Die Champignons mit Küchenpapier abreiben. Die Stiele herausdrehen, die Pilzhüte etwas aushöhlen. Die Zwiebel schälen und mit den Pilzstielen fein hacken. Die Möhre schälen und in feine Stifte, den Sellerie in kleine Würfel schneiden.

2 2 EL Öl in einer Pfanne erhitzen und die Zwiebel darin glasig anbraten. Das Hackfleisch dazugeben und bei großer Hitze 2–3 Min. krümelig braten. Möhrenstifte sowie Sellerie- und Pilzwürfel hinzufügen und weitere 3 Min. zugedeckt bei mittlerer Hitze schmoren lassen. Salzen und pfeffern.

3 Den Backofen auf 200° vorheizen. Die Butter mit den Semmelbröseln und der Petersilie verkneten. Eine feuerfeste Form mit Öl auspinseln. Die Pilzhüte rundherum mit dem restlichen Öl bestreichen, jeweils etwas von der Hackfleischfüllung hineingeben und in die Form setzen. Die Bröselbutter in Flöckchen darauf verteilen. Im Ofen (Mitte, Umluft 180°) etwa 25 Min. backen.

! **VARIANTE** für Vegetarier (im Bild rechts): Statt Hackfleisch, Möhre und Sellerie 400 g Tomaten entkernen und würfeln. 125 g Mozzarella ebenfalls fein würfeln. Die Zwiebel im Öl glasig werden lassen, Pilze 2 Min. mitbraten. Tomaten dazugeben, kurz durchschwenken, mit 2 EL Aceto Balsamico ablöschen, salzen und pfeffern. Die Butter zum Überbacken nur mit Semmelbröseln verkneten. Vor dem Servieren 2 EL Basilikumstreifen darüber streuen.

CHAMPIGNON-QUICHE

➤ fürs Buffet

Vegetarische Quiches und Gemüsekuchen liegen voll im Trend

Zutaten für 1 Springform (26 cm Ø):

- *220 g Mehl • 4 Eier*
- *100 g kalte Butter • Salz*
- *800 g Champignons*
- *50 g getrocknete Tomaten (in Öl eingelegt)*
- *1 rote Chilischote*
- *1 gelbe Paprikaschote*
- *1 Bund Oregano (ersatzweise Petersilie)*
- *Pfeffer*
- *80 g Schafkäse (Feta)*
- *200 g Sahne*

ZUBEREITUNGSZEIT: 50 MIN.
BACKZEIT: 40 MIN.
BEI 10 STÜCKEN PRO STÜCK
ETWA: 1210 KJ/290 KCAL

1 Aus Mehl, 1 Ei, 1 Eigelb (Eiweiß beiseite stellen), Butterwürfeln und 1 Prise Salz schnell einen glatten Teig kneten. Zugedeckt 30 Min. im Kühlschrank ruhen lassen.

2 Inzwischen die Champignons putzen und in Scheiben schneiden. Die getrockneten Tomaten durch ein Sieb abgießen, das Tomatenöl in einer großen Pfanne auffangen. Die Chilischote putzen und in feine Ringe schneiden. Das Öl erhitzen, Chilis und Champignons bei großer Hitze in etwa 5 Min. goldbraun braten. Abkühlen lassen.

3 Die getrockneten Tomaten fein würfeln. Die Paprikaschote waschen, putzen, vierteln und in feine Streifen schneiden. Den Oregano waschen und trockenschütteln, die Blättchen hacken. Alles mit den gebratenen Pilzen mischen, salzen und pfeffern.

4 Den Teig ausrollen, in die Form drücken und einen 3 cm hohen Rand hochziehen. Den Teigboden mehrfach mit einer Gabel einstechen. Die Pilzmischung darauf geben. Schafkäse zerbröckeln und darauf verteilen.

5 Den Backofen auf 180° vorheizen. Die verbliebenen 2 Eier mit dem übrigen Eiweiß und der Sahne verquirlen. Salzen, pfeffern und über die Quiche gießen. Im Ofen (Mitte, Umluft 160°) 40 Min. backen.

! **TIPP:** Sehr dekorativ sind Miniquiches (siehe Foto). Die angegebenen Mengen reichen etwa für sechs Tortelettförmchen (10 cm Ø); die Backzeit verkürzt sich auf etwa 25 Minuten.

BÄRLAUCH-PILZ-TASCHEN

➤ **auch zum Mitnehmen**

Blätterteigteilchen sind einfach gemacht und der Hit beim Picknick

Zutaten für 10 Stück:

- *600 g Egerlinge*
- *1 Zwiebel*
- *50 g Frühstücksspeck*
- *2 EL Olivenöl*
- *1 großes Bund Bärlauch*
- *Salz • Pfeffer*
- *Muskatnuss, frisch gerieben*
- *450 g TK-Blätterteig (10 quadratische Scheiben)*
- *1 Eigelb*
- *1 EL Milch*

ZUBEREITUNGSZEIT: 30 MIN.
BACKZEIT: 30 MIN.
PRO STÜCK ETWA: 1030 KJ/245 KCAL

1 Die Egerlinge putzen und in Stücke schneiden (kleine Exemplare vierteln, größere würfeln). Die Zwiebel schälen und fein hacken. Den Frühstücksspeck sehr fein würfeln.

2 Das Öl in einer Pfanne erhitzen und den Speck darin goldbraun anbraten. Die gehackte Zwiebel und die Pilze hinzufügen und alles 5 Min. bei großer Hitze braten. Gelegentlich umrühren. Den Bärlauch waschen, die Stiele entfernen, die Blätter grob hacken und zu den Pilzen geben. So lange weiterbraten, bis der Bärlauch zusammengefallen und die Flüssigkeit verdampft ist. Mit Salz, Pfeffer und Muskat würzig abschmecken. Abkühlen lassen.

3 Die Blätterteigscheiben bei Zimmertemperatur auftauen lassen. Jeweils 2 EL Pilzfüllung darauf geben. Eine Teigecke diagonal überschlagen, so dass Dreiecke entstehen. Die Kanten mit den Zinken einer Gabel fest zusammendrücken.

4 Den Backofen auf 180° vorheizen. Die Blätterteigtaschen auf ein mit Backpapier belegtes Blech legen. Eigelb mit Milch verrühren und die Pilztaschen damit bestreichen. Im Ofen (Mitte, Umluft 160°) 30 Min. backen. Warm mit einem bunten Salat/Tomatensalat oder auch kalt servieren.

TIPPS: Eine köstliche Alternative zu Speck ist geräucherter Tofu (Kühltheke im Bioladen); Bärlauch lässt sich durch Blattspinat und Knoblauch ersetzen.

SAHNEGESCHNETZELTES MIT RÖSTI

➤ **gelingt leicht**

Dieser Klassiker aus der Schweiz ist auch bei Kindern ein Dauerbrenner!

Zutaten für 4 Personen:

- *4 große Kartoffeln*
- *Salz*
- *Muskatnuss, frisch gerieben*
- *500 g Kalbfleisch (ersatzweise Putenfleisch)*
- *400 g Champignons*
- *2 Schalotten*
- *50 g Butterschmalz*
- *Pfeffer*
- *50 ml Weißwein (ersatzweise 2 EL Zitronensaft)*
- *200 g Sahne*

ZUBEREITUNGSZEIT: 20 MIN. AM VORTAG +45 MIN.
PRO PORTION ETWA: 1950 KJ/460 KCAL

1 Am Vortag die ungeschälten Kartoffeln in 15 Min. knapp gar kochen. Abkühlen lassen und im Kühlschrank aufbewahren.

2 Die Kartoffeln schälen und grob raspeln. Mit Salz und etwas Muskat würzen. Das Fleisch in Streifen schneiden. Die Pilze putzen und in Scheiben schneiden. Die Schalotten schälen und sehr fein hacken.

3 20 g Butterschmalz in einer Pfanne erhitzen und das Fleisch darin bei großer Hitze 5 Min. braten. Salzen und pfeffern. Herausnehmen. Die Schalotten in die Pfanne geben, kurz anrösten, die Pilze hinzufügen und 5 Min. weiterbraten. Mit dem Weißwein ablöschen und einkochen lassen. Das Fleisch wieder in die Pfanne geben, die Sahne dazugießen. 10 Min. sanft köcheln lassen, bis die Sauce cremig wird. Mit Salz, Pfeffer und Muskat abschmecken.

4 Inzwischen in einer zweiten Pfanne das restliche Butterschmalz erhitzen. Jeweils 2 EL der Kartoffelmasse hineinsetzen, flach drücken, damit runde Rösti entstehen. Auf jeder Seite etwa 3 Min. braten, bis sie goldbraun sind. Auf Küchenpapier abfetten. Jeweils 2 Rösti mit Geschnetzeltem anrichten und mit frischen Kräutern garnieren. Sehr gut schmecken dazu Gurken- oder Chicoréesalat und ein spritziger Weißwein, z. B. Grüner Veltliner.

Der richtige Umgang mit Champignons und Egerlingen

1 Champignons und Egerlinge sollten möglichst nicht gewaschen werden, weil sie sich dabei mit Wasser voll saugen. Reiben Sie die Kappen mit Küchenpapier ab und schneiden Sie trockene Stielenden ab.

2 Wenn die Pilze sehr schmutzig sind, waschen Sie sie sehr kurz (!) in Wasser, dem Sie 2 EL Mehl beigeben. Gut abtropfen lassen und auf Küchenpapier zum Trocknen auslegen.

3 Erschrecken Sie nicht, wenn Sie die angegebenen Mengen in roher Form sehen. Pilze enthalten sehr viel Wasser, schrumpfen deshalb beim Braten in der Pfanne zusammen.

4 Gerichte mit Zuchtpilzen dürfen aufgewärmt werden, wenn sie nach der Zubereitung schnell abgekühlt und im Kühlschrank aufbewahrt werden. Das gilt nicht für Gerichte mit Wildpilzen!

Gebratene Pilze

1 Als Beilage zu Steaks und Schnitzeln pro Person 150 g geputzte Pilze in Scheiben schneiden und bei großer Hitze braten. Eventuell gehackte Schalotten oder Knoblauch hinzufügen.

2 Mit Zitronensaft oder Weißwein ablöschen, mit Salz, Pfeffer und gehackten Kräutern (z. B. Petersilie, Thymian, Oregano) würzen. Mit Sahne oder Crème fraîche verfeinern, zum Fleisch geben.

Duxelles

1 Diese Farce aus klein gehackten Champignons und Kräutern eignet sich für das Lammfilet im Blätterteig (Seite 28) und zum Füllen von Rouladen und Fischfilets. Pilze und Kräuter sehr fein hacken.

2 Die gehackten Pilze in einer Pfanne offen bei großer Hitze braten, bis alle Flüssigkeit verdampft ist. Gehackte Kräuter dazugeben, salzen und pfeffern. Vor der Weiterverwendung abkühlen lassen.

GEMÜSE-PILZ-SPIESSE

➤ gelingt leicht

Die Spieße eignen sich auch prima zum Grillen

Zutaten für 4 Personen:

- *24 kleine Champignons*
- *16 Frühlingszwiebeln*
- *4 kleine Zucchini*
- *je 2 rote und gelbe Paprikaschoten*
- *1 rote Chilischote*
- *Saft von 1/2 Zitrone*
- *Salz*
- *8 EL Öl*
- *Außerdem:*
- *8 lange Holzspieße*
- *etwas Öl für die Spieße*

ZUBEREITUNGSZEIT: 40 MIN.
PRO PORTION ETWA: 1045 KJ/250 KCAL

1 Die Champignons putzen. Von den Frühlingszwiebeln die weißen Zwiebeln abschneiden, das Grün anderweitig verwenden. Die Zucchini waschen und in 3 cm dicke Scheiben schneiden. Die Paprikaschoten waschen, vierteln und die Trennwände entfernen. Die Schoten in Stücke schneiden.

2 Die Holzspieße einölen. Abwechselnd Champignons, Frühlingszwiebeln, Zucchini- und Paprikastücke darauf stecken.

3 Die Chilischote waschen, putzen und fein würfeln. Aus Zitronensaft, Chili, 1 Prise Salz und 4 EL Öl eine Marinade rühren. Die Gemüse-Pilz-Spieße damit sorgfältig bepinseln.

4 In zwei Pfannen je 2 EL Öl erhitzen und die Spieße darin von allen Seiten 4–5 Min. braten. Zwischendurch mit der Marinade bepinseln und vor dem Servieren salzen.

! **VARIANTE** (im Bild rechts): Mögen Sie Leber? Dann sollten Sie unbedingt mal diese Spieße ausprobieren: Für 8 Stück brauchen Sie 24 kleine Champignons, 16 Weißbrotwürfel, 400 g Leber (Kalb oder Pute), etwa 100 g Frühstücksspeck und 1 Bund Salbei. Die Leber in Würfel schneiden und jeweils mit 1/2 Scheibe Frühstücksspeck umwickeln. Abwechselnd Champignons, Leber mit Speck, Weißbrotwürfel und Salbeiblätter aufstecken. Für die Marinade statt Chili schwarzen Pfeffer verwenden.

KARTOFFEL-CHAMPIGNON-GRATIN

➤ vegetarisch

Ein preiswertes Schlemmerrezept für große und kleine Leckermäuler

Zutaten für 4 Personen:

- *400 g Champignons*
- *1 Zwiebel*
- *2 Knoblauchzehen*
- *50 g Butter*
- *1 Bund Petersilie*
- *600 g Kartoffeln*
- *Salz • Pfeffer*
- *Muskatnuss, frisch gerieben*
- *200 g Sahne*
- *200 ml Gemüsebrühe*

ZUBEREITUNGSZEIT: 30 MIN.
BACKZEIT: 1 STD.
PRO PORTION ETWA: 1600 KJ/380 KCAL

1 Die Champignons putzen und in dicke Scheiben schneiden. Die Zwiebel schälen und fein würfeln. Die Knoblauchzehen schälen und fein hacken.

2 20 g Butter in einer Pfanne erhitzen. Zwiebel und Knoblauch darin glasig anbraten. Die Pilze dazugeben und 5 Min. weiterbraten. Die Petersilie waschen, trockenschütteln, die Blättchen grob hacken und unter die Pilze mischen. Etwas abkühlen lassen.

3 Die Kartoffeln schälen und in nicht zu dünne Scheiben schneiden. Eine Auflaufform mit etwas Butter ausfetten. Die Hälfte der Kartoffelscheiben dachziegelartig in die Form schichten. Mit Salz, Pfeffer und Muskat kräftig würzen (die Kartoffeln absorbieren viel davon). Die Pilzmischung darüber geben. Mit einer zweiten Lage Kartoffeln abdecken und wieder kräftig würzen.

4 Den Backofen auf 200° vorheizen. Die Sahne mit der Gemüsebrühe mischen und gleichmäßig über das Gratin gießen. Die restliche Butter in Flöckchen darauf verteilen. Im Ofen (Mitte, Umluft 180°) etwa 1 Std. backen, bis die Oberfläche goldbraun ist. Aus dem Ofen nehmen und vor dem Servieren mit Alufolie abgedeckt 10 Min. ruhen lassen.

TIPP: Als raffinierte Beilage zu Kurzgebratenem reicht die angegebene Menge für 6–8 Personen.

NUDELPFANNE MIT EGERLINGEN

➤ gelingt leicht

Schnell gemacht und beliebt – feine Nudelrezepte kann man nie genug haben

Zutaten für 4 Personen:

- *400 g Egerlinge*
- *1 Bund Frühlingszwiebeln*
- *2 große Tomaten*
- *Salz*
- *400 g Fusilli*
- *4 EL Olivenöl*
- *schwarzer Pfeffer*
- *4 Zweige Basilikum*
- *Parmesanspäne zum Bestreuen*

ZUBEREITUNGSZEIT: 25 MIN.
PRO PORTION ETWA: 2005 KJ/480 KCAL

1 Die Egerlinge putzen und in dicke Scheiben schneiden. Die Frühlingszwiebeln waschen, putzen und bis zum zarten Grün schräg in 1 cm breite Abschnitte schneiden. Die Tomaten waschen, quer halbieren, die Kerne entfernen und das Fruchtfleisch in kleine Würfel schneiden.

2 Reichlich Wasser zum Kochen bringen, salzen und die Fusilli darin nach Packungsanweisung bissfest kochen.

3 Inzwischen Öl in einer Pfanne erhitzen und die Pilze bei großer Hitze in etwa 5 Min. goldbraun braten. Die Frühlingszwiebeln hinzufügen und 3 Min. weiterbraten. Tomatenwürfel unterrühren und nur kurz erwärmen. Mit Salz und viel schwarzem Pfeffer abschmecken. Die Nudeln abgießen und mit der Pilzmischung mischen.

4 Das Basilikum waschen, die Blätter grob zerzupfen und über die Nudelpfanne streuen. Parmesan dazu reichen.

TIPP: Dieses Rezept lässt sich leicht in einen gehaltvollen Auflauf verwandeln: Die Nudeln nur knapp gar kochen und kalt abschrecken. Mit der gebratenen Pilzmischung und 100 g in Streifen geschnittenem gekochtem Schinken in eine gefettete Auflaufform füllen. Mit 200 g gewürfeltem Mozzarella und 2 EL Pinienkernen bestreuen und im Backofen bei 200° 15 Min. überbacken.

FISCHFILET MIT PILZ-OLIVEN-KRUSTE

➤ raffiniert

Damit verwöhnen Sie selbst anspruchsvollste Gäste

Zutaten für 4 Personen:

- *400 g Champignons*
- *2 Zweige Thymian*
- *50 g Mandelstifte*
- *60 g Butter*
- *1 EL Honig*
- *Salz • Pfeffer*
- *15 schwarze Oliven*
- *4 Fischfilets à 150 g (z. B. Seelachs, Rotbarsch)*
- *Saft von 1/2 Zitrone*
- *2 EL Semmelbrösel*
- *1/8 l Weißwein (ersatzweise Gemüsebrühe)*
- *Salz, Pfeffer*

ZUBEREITUNGSZEIT: 30 MIN.
BACKZEIT: 15 MIN.
PRO PORTION ETWA: 1840 KJ/440 KCAL

1 Die Champignons putzen. Kleine vierteln, größere würfeln. Die Thymianblättchen von den Zweigen streifen.

2 Die Mandelstifte in einer Pfanne ohne Fett goldbraun rösten, herausnehmen. 20 g Butter erhitzen, Pilze und Thymian darin braten, bis alle Flüssigkeit verdampft ist. Mit Honig, Salz und Pfeffer würzen. Abkühlen lassen.

3 Die Oliven in feine Scheiben schneiden. Mit den Pilzen und den gerösteten Mandeln mischen. Die Fischfilets säubern, mit Zitronensaft beträufeln und salzen. Eine feuerfeste Form mit etwas Butter einfetten. Die Fischfilets nebeneinander hineinlegen. Mit der Pilz-Oliven-Mischung bedecken.

4 Den Backofen auf 180° vorheizen. Die restliche Butter mit den Semmelbröseln verkneten und in Flöckchen über die Fischfilets verteilen. Den Weißwein angießen (an der Seite, nicht über den Belag!) und den Fisch im Ofen (Mitte, Umluft 160°) 15 Min. überbacken. Dann eine Garprobe machen: Ein Fischfilet in der Mitte mit einem spitzen Messer anstechen. Wenn es sich leicht teilen lässt, ist es fertig. Dazu passen Butterkartoffeln oder Baguette, Tomaten-Rucola-Salat und Weißwein.

LAMMFILET IM BLÄTTERTEIG

➤ **Klassiker auf neue Art**

Diese Variante des Filet Wellington gelingt leichter, als es aussieht

Zutaten für 4 Personen:

- *400 g Egerlinge • 1 Zwiebel*
- *2 Knoblauchzehen*
- *2 Zweige Thymian*
- *1/2 Bund Petersilie*
- *1 EL Butter*
- *Salz • Pfeffer*
- *2 Lammrückenfilets à 300 g*
- *2 EL Öl*
- *300 g TK-Blätterteig (4 große rechteckige Scheiben)*
- *1 Eigelb*

Zubereitungszeit: 30 Min.
Backzeit: 30 Min.
Pro Portion etwa: 2420 kJ/580 kcal

1 Die Pilze putzen und fein würfeln. Die Zwiebel und die Knoblauchzehen schälen, beides fein hacken. Die Thymianblättchen von den Zweigen streifen. Die Petersilie waschen und trockenschütteln, die Blättchen fein hacken.

2 Die Butter in einer Pfanne erhitzen, Zwiebel und Knoblauch darin anbraten. Pilze dazugeben und bei großer Hitze schmoren lassen, bis alle Flüssigkeit verdampft ist. Salzen, pfeffern und Petersilie und Thymian untermischen. Diese »Duxelles« (Seite 19) etwas abkühlen lassen.

3 Die Lammfilets rundherum pfeffern und in Öl sorgfältig von jeder Seite 1 Min. anbraten, bis sich die Poren schließen. Salzen.

4 Den Blätterteig auftauen lassen. Jeweils 2 Scheiben aufeinander legen und auf etwa 30 x 20 cm ausrollen. Jeweils ein Viertel der Duxelles darauf geben und längs verteilen. Ein Filet darauf setzen. Das zweite Viertel der Duxelles darauf geben und das Filet damit umhüllen. Den Blätterteig darüber schlagen, an den Seiten einschlagen und gut festdrücken. Mit der Nahtstelle nach unten auf ein mit Backpapier belegtes Blech legen.

5 Den Backofen auf 180° vorheizen. Die beiden Filets im Blätterteig mit dem verquirlten Eigelb bestreichen. Im Ofen (Mitte, Umluft 160°) 30 Min. backen. Vor dem Anschneiden mit einem Küchentuch abgedeckt 10 Min. ruhen lassen. Jedes Filet schräg in vier Stücke schneiden.

WEISSWEINHÄHNCHEN MIT PILZEN

➤ für Gäste

Ein Festessen, das ganz sicher gelingt

Zutaten für 4 Personen:

- *400 g kleine Champignons*
- *2 Schalotten*
- *2 Knoblauchzehen*
- *4 Hähnchenbrustfilets à 150 g*
- *Salz • Pfeffer*
- *4 EL Öl*
- *1 Zweig Rosmarin*
- *1/4 l trockener Weißwein*
- *100 g Sahne*
- *2 Tomaten*

ZUBEREITUNGSZEIT: 35 MIN.
PRO PORTION ETWA: 1640 KJ/390 KCAL

1 Die Champignons putzen, kleine Exemplare ganz lassen, größere halbieren oder vierteln. Die Schalotten und den Knoblauch schälen und fein hacken.

2 Die Hähnchenbrustfilets salzen und pfeffern. In einer großen Pfanne das Öl erhitzen und das Fleisch auf jeder Seite 3 Min. anbraten. Aus der Pfanne nehmen, warm halten. Die Schalotten und den Knoblauch in die Pfanne geben und kurz anrösten. Die Pilze und den Rosmarinzweig dazugeben, 5 Min. bei großer Hitze braten.

3 Mit der Hälfte des Weißweins ablöschen und einkochen, bis die Flüssigkeit verdampft ist. Den restlichen Wein und die Sahne angießen. Die Hühnerbrüste wieder in die Pfanne geben. Zugedeckt bei mittlerer Hitze 10 Min. schmoren lassen.

4 Die Tomaten waschen, quer durchschneiden und Stielansätze und Kerne entfernen. Die Tomaten in feine Würfel schneiden. (Wer mag, kann die Tomaten vorher auch häuten.)

5 Die Hühnerbrüste herausheben, in Scheiben schneiden und auf vorgewärmten Tellern anrichten. Den Rosmarinzweig entfernen. Die Tomatenwürfel in die Champignon-Weißwein-Sauce geben und mit Salz und Pfeffer abschmecken. Das Fleisch mit der Sauce überziehen. Dazu passen Bandnudeln und ein kräftiger Weißwein oder Rosé.

MARINIERTE PILZE

➤ gut vorzubereiten

KNOBLAUCH-CHAMPIGNONS

Zutaten für 4 Personen:

- *800 g kleine Champignons*
- *4 Knoblauchzehen*
- *1 unbehandelte Zitrone*
- *1 Bund Estragon (ersatzweise Petersilie)*
- *4 EL Olivenöl*
- *Salz • Pfeffer • 1 Prise Zucker*

ZUBEREITUNGSZEIT: 20 MIN.
PRO PORTION ETWA: 540 KJ/130 KCAL

1 Die Champignons putzen, größere halbieren oder vierteln. Knoblauch schälen und in Scheiben schneiden.

2 Die Zitrone heiß waschen, abtrocknen und von der Schale Zesten abhobeln. Den Saft auspressen. Den Estragon waschen, trockenschütteln, die Blättchen abzupfen.

3 Das Öl in einer großen Pfanne erhitzen und die Pilze und den Knoblauch darin bei großer Hitze 5 Min. unter Rühren braten. Zitronenzesten, Zitronensaft und Estragon dazugeben und 2 Min. weiterschmoren lassen. Mit Salz, Pfeffer und Zucker würzen.

PILZE IN SHERRY-HONIGSAUCE

Zutaten für 4 Personen:

- *600 g kleine Egerlinge*
- *250 g Schalotten*
- *3 Knoblauchzehen*
- *4 EL Olivenöl*
- *1/4 l Sherry medium*
- *2 EL Honig • Salz*
- *Cayennepfeffer*

ZUBEREITUNGSZEIT: 25 MIN.
PRO PORTION ETWA: 1000 KJ/240 KCAL

1 Die Egerlinge putzen, größere halbieren oder vierteln. Die Schalotten schälen, größere Exemplare halbieren oder vierteln. Knoblauch schälen und fein hacken.

2 Das Öl in einer Pfanne erhitzen und die Schalotten darin goldbraun anbraten. Die Hälfte des Sherrys hinzufügen und bei großer Hitze 2 Min. einkochen lassen. Die Pilze und den Knoblauch hinzufügen, 5 Min. bei großer Hitze schmoren lassen. Den restlichen Sherry und den Honig hinzufügen, 5 Min. weiterschmoren lassen. Mit Salz und Cayennepfeffer abschmecken.

Impressum

➤ *Die Temperaturangaben*
bei Gasherden variieren von Hersteller zu Hersteller. Welche Stufe Ihres Herdes der jeweils angegebenen Temperatur entspricht, entnehmen Sie bitte der Gebrauchsanweisung. Bei Elektroherden können die Backzeiten je nach Herd variieren.

Vielen Dank an die beiden Firmen KAHLA und KARDELEN, aus deren Programm sich unsere Fotografin bedienen durfte.

Redaktionsleitung: Birgit Rademacker
Redaktion: Sigrid Burghard
Lektorat: Linde Wiesner
Umschlag- und Innenlayout: independent Medien-Design
Fotos: FoodPhotography Eising / Martina Görlach
Foodstyling: Michael Koch
Herstellung: Petra Roth
Satz: EDV-Fotosatz Huber, Germering / XML-strukturiert
Reproduktionen: Penta Repro München
Druck und Bindung: Alcione
ISBN: 3-7742-5719-1

Auflage:	4.	3.	2.	1.
Jahr:	2006	2005	2004	2003

GRÄFE UND UNZER

Ein Unternehmen der
GANSKE VERLAGSGRUPPE